Key Stage 2 Maths Times Tables

WORKBOOK 1

Boxes and Triangles

2x - 12x Tables

Dr Stephen C Curran

This book belongs to

Accelerated Education Publications Ltd

Contents

Chapter One
TIMES TABLES BOXES

Times Tables Boxes are useful for reinforcing times tables knowledge. Filling in the boxes will aid the learning of times tables in a random manner. The boxes are set out in a progressive way, beginning with the **2** times table right through to the **12** times table. There are additional exercises on each page to strengthen what has been learnt.

Example: Fill in the following times tables box.

×	2	3	4	5	6	7	8
2	4	6	8	10	12	14	16
3	6	9	12	15	18	21	24

Suppose the **2×** and **3×** tables are being learnt. To fill in the box the first number in the first row is multiplied by the first number in the first column.

This would be $2 \times 2 = 4$. This step is then repeated along all of the columns and rows, for example, $3 \times 6 = 18$.

×	2	3	4	5	6	7	8
2	4	6	8	10		12	14
3					18		

The completed box below shows part of the **2×** and **3×** tables.

×	2	3	4	5	6	7	8
2	4	6	8	10	12	14	16
3	6	9	12	15	18	21	24

Exercise 1: 1 Complete the following:

×	2	3	4	5	6	7	8	9	10	11	12
2	4	6	8	10	12	14	16	18	20	22	24
3	6	9	12	15	18	21	24	27	30	33	36
5	10	15	20	25	30	35	40	45	50	55	60
10	20	30	40	50	60	70	80	90	100	110	112

2× Table

1) $1 \times 2 = 2$

2) $2 \times 2 = 4$

3) $3 \times 2 = 6$

4) $4 \times 2 = 8$

5) $5 \times 2 = 10$

6) $6 \times 2 = 12$

7) $7 \times 2 = 14$ ✓

8) $8 \times 2 = 16$

9) $9 \times 2 = 18$

10) $10 \times 2 = 20$

11) $11 \times 2 = 22$

12) $12 \times 2 = 24$

3× Table

1) $1 \times 3 = 3$

2) $2 \times 3 = 6$

3) $3 \times 3 = 9$

4) $4 \times 3 = 12$

5) $5 \times 3 = 15$

6) $6 \times 3 = 18$

7) $7 \times 3 = 21$

8) $8 \times 3 = 24$ ✓

9) $9 \times 3 = 27$

10) $10 \times 3 = 30$

11) $11 \times 3 = 33$

12) $12 \times 3 = 36$

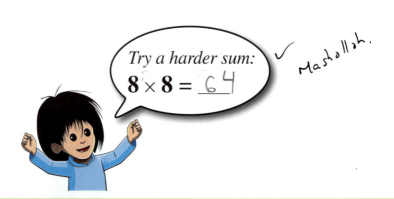

Try a harder sum:
$8 \times 8 = 64$

✓ Mashallah.

Exercise 1: 2   Complete the following:

×	4	6	7	11	8	12	9	10	3	2	5	
2	8	12	14	22	16	24	18	20	6	4	10	✓
5	20	30	35	55	40	60	45	50	15	10	25	✓
3	12	18	21	33	21	36	27	30	9	6	15	✓
10	40	60	70	110	80	120	90	100	30	20	50	✓

2× Table

1) $7 \times 2 =$ __14__ ✓

2) $2 \times 2 =$ __4__ ✓

3) $10 \times 2 =$ __20__ ✓

4) $3 \times 2 =$ __6__ ✓

5) $12 \times 2 =$ __24__ ✓

6) $8 \times 2 =$ __40__ ✗

7) $5 \times 2 =$ __10__ ✓

8) $1 \times 2 =$ __2__ ✓

9) $6 \times 2 =$ __12__ ✓

10) $11 \times 2 =$ __22__ ✓

11) $4 \times 2 =$ __8__ ✓

12) $9 \times 2 =$ __18__ ✓

3× Table

1) $9 \times 3 =$ __27__ ✓

2) $1 \times 3 =$ __3__ ✓

3) $6 \times 3 =$ __18__ ✓

4) $12 \times 3 =$ __36__ ✓

5) $7 \times 3 =$ __21__ ✓

6) $4 \times 3 =$ __12__ ✓

7) $10 \times 3 =$ __30__ ✓

8) $11 \times 3 =$ __33__ ✓

9) $5 \times 3 =$ __15__ ✓

10) $3 \times 3 =$ __9__ ✓

11) $8 \times 3 =$ __33__ /

12) $2 \times 3 =$ __6__

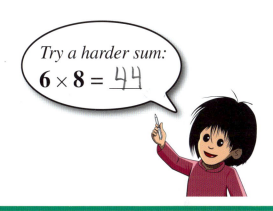

Try a harder sum:
6 × 8 = __44__

Exercise 1: 3   Complete the following:

×	2	3	4	5	6	7	8	9	10	11	12	
2	4	6	8	10	12	14	16	18	20	22	24	✓
3	6	9	12	15	18	21	24	27	30	33	36	✓
4	8	12	16	20	24	28	32	36	40	44	48	✓
5	10	15	20	25	30	35	40	45	50	55	60	✓
10	20	30	40	50	60	70	80	90	100	110	120	✓

10× Table

1) $1 \times 10 = 10$ ✓
2) $2 \times 10 = 20$ ✓
3) $3 \times 10 = 30$ ✓
4) $4 \times 10 = 40$ ✓
5) $5 \times 10 = 50$ ✓
6) $6 \times 10 = 60$ ✓
7) $7 \times 10 = 70$ ✓
8) $8 \times 10 = 80$ ✓
9) $9 \times 10 = 90$ ✓
10) $10 \times 10 = 100$ ✓
11) $11 \times 10 = 110$ ✓
12) $12 \times 10 = 120$ ✓

4× Table

1) $1 \times 4 = 4$ ✓
2) $2 \times 4 = 8$ ✓
3) $3 \times 4 = 12$ ✓
4) $4 \times 4 = 16$ ✓
5) $5 \times 4 = 20$ ✓
6) $6 \times 4 = 24$ ✓
7) $7 \times 4 = 28$ ✓
8) $8 \times 4 = 32$ ✓
9) $9 \times 4 = 36$ ✓
10) $10 \times 4 = 40$ ✓
11) $11 \times 4 = 44$ ✓
12) $12 \times 4 = 48$ ✓

Try a harder sum:
$12 \times 9 = 108$

Exercise 1: 4   Complete the following:

×	4	5	7	3	9	10	6	12	2	11	8
3	12	15	21	9	27	30	18	36	6	33	24
4	16	20	28	12	41	40	24	48	8	44	32
5	20	25	35	15	45	50	30	60	10	55	40
10	40	50	70	30	90	100	60	120	20	110	88
2	8	10	14	6	18	20	12	24	4	22	16

10× Table

1) $10 \times 10 = 100$

2) $6 \times 10 = 60$

3) $3 \times 10 = 30$

4) $12 \times 10 = 120$

5) $2 \times 10 = 20$

6) $8 \times 10 = 80$

7) $11 \times 10 = 110$

8) $1 \times 10 = 10$

9) $7 \times 10 = 70$

10) $4 \times 10 = 40$

11) $9 \times 10 = 90$

12) $5 \times 10 = 50$

4× Table

1) $3 \times 4 = 12$

2) $12 \times 4 = 48$

3) $8 \times 4 = 32$

4) $2 \times 4 = 8$

5) $4 \times 4 = 16$

6) $9 \times 4 = 36$

7) $11 \times 4 = 44$

8) $6 \times 4 = 24$

9) $10 \times 4 = 40$

10) $7 \times 4 = 28$

11) $1 \times 4 = 4$

12) $5 \times 4 = 20$

Try a harder sum:
$8 \times 9 = 72$

Exercise 1: 5   Complete the following:

Well done ✓

×	2	3	4	5	6	7	8	9	10	11	12
2	4	6	8	10	12	14	16	18	20	22	24
3	6	9	12	15	18	21	24	27	30	33	36
4	8	12	16	20	24	28	32	36	40	44	48
5	10	15	20	25	30	35	40	45	50	55	60
6	12	18	24	30	36	42	48	54	60	66	72
10	20	30	40	50	60	70	80	90	100	110	120

5× Table

1) $1 \times 5 = 5$
2) $2 \times 5 = 10$
3) $3 \times 5 = 15$
4) $4 \times 5 = 20$
5) $5 \times 5 = 25$
6) $6 \times 5 = 30$
7) $7 \times 5 = 35$
8) $8 \times 5 = 40$
9) $9 \times 5 = 45$
10) $10 \times 5 = 50$
11) $11 \times 5 = 55$
12) $12 \times 5 = 60$

6× Table

1) $1 \times 6 = 6$
2) $2 \times 6 = 12$
3) $3 \times 6 = 18$
4) $4 \times 6 = 24$
5) $5 \times 6 = 30$
6) $6 \times 6 = 36$
7) $7 \times 6 = 42$
8) $8 \times 6 = 48$
9) $9 \times 6 = 54$
10) $10 \times 6 = 60$
11) $11 \times 6 = 66$
12) $12 \times 6 = 72$

Try a harder sum:
$7 \times 8 = 56$

Exercise 1: 6   Complete the following:

Well done ✓ ☺

×	2	5	7	3	8	6	10	11	4	12	9
3	6	15	21	9	24	18	30	33	12	36	27
2	4	10	14	6	16	12	20	22	8	24	18
5	10	25	35	15	40	30	50	55	20	60	45
6	12	30	42	18	48	36	60	66	24	72	54
10	20	50	70	30	80	60	100	110	40	120	90
4	8	20	28	12	32	24	40	44	16	48	36

5× Table

1) $2 \times 5 = 10$ ✓
2) $6 \times 5 = 30$ ✓
3) $9 \times 5 = 45$ ✓
4) $11 \times 5 = 55$ ✓
5) $4 \times 5 = 20$ ✓
6) $12 \times 5 = 60$ ✓
7) $3 \times 5 = 15$ ✓
8) $7 \times 5 = 35$ ✓
9) $10 \times 5 = 50$ ✓
10) $5 \times 5 = 10$ ×25
11) $8 \times 5 = 40$ ✓
12) $1 \times 5 = 5$ ✓

6× Table

1) $6 \times 6 = 36$ ✓
2) $3 \times 6 = 18$ ✓
3) $7 \times 6 = 42$ ✓
4) $10 \times 6 = 60$ ✓
5) $12 \times 6 = 72$ ✓
6) $1 \times 6 = 6$
7) $5 \times 6 = 30$ ✓
8) $11 \times 6 = 66$ ✓
9) $8 \times 6 = 48$ ✓
10) $2 \times 6 = 12$ ✓
11) $9 \times 6 = 54$ ✓
12) $4 \times 6 = 24$ ✓

Try a harder sum:
$0 \times 9 = 0$ ✓

Exercise 1: 7   Complete the following:

×	2	3	4	5	6	7	8	9	10	11	12	
2	4	6	8	10	12	14	16	18	20	28	24	✓
3	6	9	12	15	18	21	24	27	30	33	36	✓
4	8	12	16	20	24	28	32	36	40	44	48	✓
5	10	15	20	25	30	35	40	45	50	55	60	✓
6	12	18	25	30	36	42	48	54	60	66	72	✓
7	14	21	28	35	42	49	57	64	70	77	84	✓
10	20	30	40	50	60	70	80	90	100	110	120	✓

7× Table

1) $1 \times 7 = $ ~~14~~ 7 ✓
2) $2 \times 7 = $ ~~21~~ 14 ✓
3) $3 \times 7 = $ ~~28~~ 21 ✓
4) $4 \times 7 = $ ~~35~~ 28 ✓
5) $5 \times 7 = $ ~~42~~ 35 ✓
6) $6 \times 7 = $ ~~49~~ 42 ✓
7) $7 \times 7 = $ ~~57~~ 49 ✓
8) $8 \times 7 = $ ~~64~~ 57 ✗
9) $9 \times 7 = $ ~~70~~ 64 ✗
10) $10 \times 7 = $ ~~77~~ 70 ✓
11) $11 \times 7 = $ 77 ✓
12) $12 \times 7 = $ 84 ✓

2× Table

1)   ___9___ $\times 2 = 18$ ✓
2) $11 \times 2 = $ 22 ✓
3) $2 \times $ 6 $= 12$ ✓
4) $2 \times $ 3 $= 6$ ✓
5) $7 \times 2 = $ 14 ✓
6) $1 \times $ 2 $= 2$ ✓
7)   4 $\times 2 = 8$ ✓
8)   8 $\times 2 = 16$ ✓
9) $2 \times $ 2 $= 4$ ✓
10) $10 \times 2 = $ 20 ✓
11) $2 \times $ 12 $= 24$ ✓
12) $5 \times 2 = $ 10 ✓

Try a harder sum:
$9 \times 9 = $ 81

Exercise 1: 8   Complete the following:

×	4	6	8	3	10	12	5	11	7	9	2
3	12	18	24	9	30	36	15	33	21	27	6
5	20	30	40	15	50	60	25	55	35	45	10
6	25	36	48	18	60	72	30	66	42	54	12
7	28	42	56	21	70	84	35	77	49	64	14
10	40	60	80	30	100	120	50	110	70	90	20
2	8	12	16	6	20	24	10	22	14	18	4
4	16	24	32	12	40	48	20	44	28	36	8

Good job.

7× Table

1) $7 \times 7 = 49$ ✓
2) $1 \times 7 = 7$ ✓
3) $4 \times 7 = 28$ ✓
4) $8 \times 7 = 56$ ✓
5) $10 \times 7 = 70$ ✓
6) $12 \times 7 = 84$ ✓
7) $3 \times 7 = 21$ ✓
8) $11 \times 7 = 77$ ✓
9) $5 \times 7 = 49$ •
10) $9 \times 7 = 63$ ✓
11) $2 \times 7 = 14$ ✓
12) $6 \times 7 = 42$ ✓

3× Table

1) $3 \times 3 = 9$ ✓
2) $3 \times 6 = 18$ ✓
3) $12 \times 3 = 36$ ✓
4) $3 \times 1 = 3$ ✓
5) $11 \times 3 = 33$ ✓
6) $3 \times 4 = 12$ ✓
7) $7 \times 3 = 21$ ✓
8) $9 \times 3 = 27$ ✓
9) $2 \times 3 = 6$ ✓
10) $10 \times 3 = 30$ ✓
11) $8 \times 3 = 24$ ✓
12) $5 \times 3 = 15$ ✓

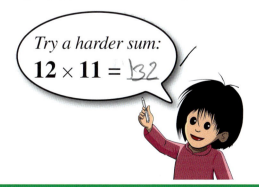

Try a harder sum:
12 × 11 = 132

Exercise 1: 9 Complete the following:

×	2	3	4	5	6	7	8	9	10	11	12	
2	4	6	8	10	12	14	16	18	20	22	24	
3	6	9	12	15	18	21	24	27	30	33	36	
4	8	12	16	20	24	28	32	36	40	44	48	
5	10	15	20	25	30	35	40	45	50	55	60	
6	12	18	24	30	36	42	48	54	60	66	72	
7	14	21	28	35	42	49	56	63	70	77	84	
8	16	24	32	40	48	56	64	72	80	88	96	
10	20	30	40	50	60	70	80	90	100	110	128	

8× Table

1) $1 \times 8 = 8$ ✓

2) $2 \times 8 = 16$ ✓

3) $3 \times 8 = 24$ ✓

4) $4 \times 8 = 32$ ✓

5) $5 \times 8 = 40$ ✓

6) $6 \times 8 = 48$ ✓

7) $7 \times 8 = 56$ ✓

8) $8 \times 8 = 64$ ✓

9) $9 \times 8 = 72$ ✓

10) $10 \times 8 = 80$ ✓

11) $11 \times 8 = 88$ ✓

12) $12 \times 8 = 96$ ✓

4× Table

1) $2 \times 4 = 8$ ✓

2) $4 \times 6 = 24$ ✓

3) $4 \times 4 = 16$ ✓

4) $10 \times 4 = 40$ ✓

5) $8 \times 4 = 32$ ✓

6) $1 \times 4 = 4$ ✓

7) $9 \times 4 = 36$ ✓

8) $4 \times 12 = 48$ ✓

9) $3 \times 4 = 12$ ✓

10) $4 \times 11 = 44$ ✓

11) $4 \times 5 = 20$ ✓

12) $7 \times 4 = 28$ ✓

Try a harder sum:
11 × 11
$= 121$

12

© 2016 Stephen Curran

Exercise 1: 10 Complete the following:

×	3	5	2	6	8	12	4	10	11	9	7
2	6	10	4	12	16	24	8	20	22	18	14
8	24	40	16	48	64	96	32	80	88	72	48
10	30	50	20	60	80	120	40	100	110	90	70
4	12	20	8	24	32	48	16	40	44	36	28
7	21	35	14	42	56	84	28	70	77	63	49
5	15	25	10	30	40	60	20	50	55	45	35
6	18	30	12	36	48	72	24	60	66	54	42
3	9	15	6	18	24	36	12	30	33	27	21

8× Table

1) $2 \times 8 = 16$

2) $5 \times 8 = 40$

3) $7 \times 8 = 56$

4) $9 \times 8 = 72$

5) $1 \times 8 = 8$

6) $10 \times 8 = 80$

7) $6 \times 8 = 48$

8) $12 \times 8 = 96$

9) $4 \times 8 = 24\ 32$

10) $11 \times 8 = 88$

11) $8 \times 8 = 64$

12) $3 \times 8 = 24$

5× Table

1) $1 \times 5 = 5$

2) $5 \times 6 = 30$

3) $9 \times 5 = 45$

4) $5 \times 2 = 10$

5) $5 \times 3 = 15$

6) $12 \times 5 = 60$

7) $7 \times 5 = 35$

8) $5 \times 11 = 55$

9) $4 \times 5 = 20$

10) $8 \times 5 = 40$

11) $10 \times 5 = 50$

12) $5 \times 5 = 25$

Try a harder sum:
11 × 7
$= 77$

Exercise 1: 11 Complete the following:

99 + 9

×	2	3	4	5	6	7	8	9	10	11	12
2	4	6	8	10	12	14	16	18	20	22	24
3	6	9	12	15	18	21	24	27	30	33	36
4	8	12	16	20	24	28	32	36	40	44	48
5	10	15	20	25	30	35	40	45	50	55	60
6	12	18	24	30	36	42	48	54	60	66	72
7	14	21	28	35	42	49	56	63	70	77	84
8	16	24	32	40	48	56	64	72	80	88	96
9	18	27	36	45	54	63	72	81	90	99	108
10	20	30	40	50	60	70	80	90	100	110	120

9× Table

1) $1 \times 9 = 9$

2) $2 \times 9 = 18$

3) $3 \times 9 = 27$

4) $4 \times 9 = 36$

5) $5 \times 9 = 45$

6) $6 \times 9 = 54$

7) $7 \times 9 = 63$

8) $8 \times 9 = 72$

9) $9 \times 9 = 81$

10) $10 \times 9 = 90$

11) $11 \times 9 = 99$

12) $12 \times 9 = 108$

6× Table

1) $4 \times 6 = 24$

2) $2 \times 6 = 12$

3) $6 \times 9 = 54$

4) $6 \times 7 = 42$

5) $12 \times 6 = 72$

6) $6 \times 10 = 60$

7) $1 \times 6 = 6$

8) $6 \times 6 = 36$

9) $6 \times 11 = 66$

10) $5 \times 6 = 30$

11) $8 \times 6 = 48$

12) $6 \times 3 = 18$

Try a harder sum:
11 × 9
= 99

Exercise 1: 12 Complete the following:

×	5	10	6	7	4	11	9	2	12	8	3
3	15	30	18	21	12	33	27	6	36	24	9
6	30	60	36	42	24	66	54	12	72	48	18
4	20	40	24	28	16	44	36	8	48	32	12
9	45	90	54	63	36	99	81	18	108	72	27
7	35	70	42	49	28	77	63	14	84	56	21
5	25	50	30	35	20	55	45	10	60	40	15
10	50	100	60	70	40	110	90	20	120	80	30
8	40	80	48	56	32	88	72	16	96	64	24
2	10	20	12	14	8	22	18	4	24	16	6

$8 \times 11 = 88$

$8 \times 12 = 90$

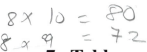

$8 \times 10 = 80$

$8 \times 9 = 72$

9× Table

1) $3 \times 9 = 27$

2) $6 \times 9 = 54$

3) $10 \times 9 = 90$

4) $4 \times 9 = 36$

5) $9 \times 9 = 81$

6) $12 \times 9 = 108$

7) $1 \times 9 = 9$

8) $7 \times 9 = 63$

9) $11 \times 9 = 99$

10) $5 \times 9 = 45$

11) $8 \times 9 = 72$

12) $2 \times 9 = 18$

7× Table

1) $1 \times 7 = 7$

2) $7 \times 6 = 42$

3) $7 \times 10 = 70$

4) $7 \times 7 = 49$

5) $3 \times 7 = 21$

6) $7 \times 11 = 77$

7) $4 \times 7 = 28$

8) $12 \times 7 = 84$

9) $7 \times 8 = 56$

10) $2 \times 7 = 14$

11) $7 \times 9 = 63$

12) $5 \times 7 = 35$

Try a harder sum:

12 × 7 = 84

Exercise 1: 13 Complete the following:

×	2	3	4	5	6	7	8	9	10	11	12
2	4	6	8	10	12	14	16	18	20	22	24
3	6	9	12	15	18	21	24	27	30	33	36
4	8	12	16	20	24	28	32	36	40	44	48
5	10	15	20	25	30	35	40	45	50	55	60
6	12	18	24	30	36	42	48	54	60	66	72
7	14	21	28	35	42	49	56	63	70	77	84
8	16	28	32	40	48	56	64	72	80	88	96
9	18	27	36	45	54	63	72	81	90	99	108
10	20	30	40	50	60	70	80	90	100	110	120
11	22	33	44	55	66	77	88	99	110	121	132

11× Table

1) $1 \times 11 = 11$
2) $2 \times 11 = 22$
3) $3 \times 11 = 33$
4) $4 \times 11 = 44$
5) $5 \times 11 = 55$
6) $6 \times 11 = 66$
7) $7 \times 11 = 77$
8) $8 \times 11 = 88$
9) $9 \times 11 = 99$
10) $10 \times 11 = 110$
11) $11 \times 11 = 121$
12) $12 \times 11 = 132$

8× Table

1) $1 \times 8 = 8$
2) $6 \times 8 = 48$
3) $4 \times 8 = 32$
4) $8 \times 9 = 72$
5) $2 \times 8 = 16$
6) $8 \times 8 = 64$
7) $11 \times 8 = 88$
8) $8 \times 7 = 56$
9) $8 \times 5 = 40$
10) $12 \times 8 = 96$
11) $10 \times 8 = 80$
12) $8 \times 3 = 24$

Try a harder sum:
12 × 6
= ___

Exercise 1: 14 Complete the following:

×	2	7	6	4	10	11	3	12	8	9	5
2											
6											
4											
8											
9											
3											
7											
10											
11											
5											

11× Table

1) $11 \times 11 =$ _____

2) $5 \times 11 =$ _____

3) $8 \times 11 =$ _____

4) $2 \times 11 =$ _____

5) $7 \times 11 =$ _____

6) $12 \times 11 =$ _____

7) $3 \times 11 =$ _____

8) $10 \times 11 =$ _____

9) $6 \times 11 =$ _____

10) $1 \times 11 =$ _____

11) $9 \times 11 =$ _____

12) $4 \times 11 =$ _____

9× Table

1) $8 \times 9 =$ _____

2) _____ $\times 9 = 18$

3) $9 \times$ _____ $= 108$

4) _____ $\times 9 = 45$

5) $9 \times 9 =$ _____

6) $9 \times$ _____ $= 54$

7) _____ $\times 4 = 36$

8) $9 \times$ _____ $= 99$

9) $1 \times 9 =$ _____

10) $9 \times$ _____ $= 90$

11) _____ $\times 9 = 63$

12) $9 \times$ _____ $= 27$

Try a harder sum:
7×6
$=$ _____

Exercise 1: 15 Complete the following:

×	2	3	4	5	6	7	8	9	10	11	12
2											
3											
4											
5											
6											
7											
8											
9											
10											
11											
12											

12× Table

1) $1 \times 12 =$ _____

2) $2 \times 12 =$ _____

3) $3 \times 12 =$ _____

4) $4 \times 12 =$ _____

5) $5 \times 12 =$ _____

6) $6 \times 12 =$ _____

7) $7 \times 12 =$ _____

8) $8 \times 12 =$ _____

9) $9 \times 12 =$ _____

10) $10 \times 12 =$ _____

11) $11 \times 12 =$ _____

12) $12 \times 12 =$ _____

10× Table

1) _____ $\times 7 = 70$

2) $2 \times$ _____ $= 20$

3) $6 \times 10 =$ _____

4) _____ $\times 10 = 100$

5) $10 \times$ _____ $= 90$

6) $4 \times 10 =$ _____

7) $10 \times$ _____ $= 120$

8) _____ $\times 10 = 30$

9) $10 \times$ _____ $= 50$

10) $11 \times 10 =$ _____

11) $10 \times$ _____ $= 80$

12) _____ $\times 10 = 10$

Try a harder sum:
$10 \times 11 =$ ___

Exercise 1: 16 Complete the following:

×	3	6	9	7	10	4	12	5	2	11	8
5											
8											
11											
4											
7											
10											
12											
6											
2											
9											
3											

12× Table

1) $2 \times 12 =$ _____

2) $5 \times 12 =$ _____

3) $12 \times 12 =$ _____

4) $7 \times 12 =$ _____

5) $10 \times 12 =$ _____

6) $1 \times 12 =$ _____

7) $8 \times 12 =$ _____

8) $11 \times 12 =$ _____

9) $4 \times 12 =$ _____

10) $6 \times 12 =$ _____

11) $9 \times 12 =$ _____

12) $3 \times 12 =$ _____

11× Table

1) $11 \times$ _____ $= 121$

2) $8 \times 11 =$ _____

3) $11 \times$ _____ $= 66$

4) _____ $\times 1 = 11$

5) _____ $\times 11 = 110$

6) $11 \times$ _____ $= 44$

7) $11 \times 12 =$ _____

8) $7 \times 11 =$ _____

9) _____ $\times 11 = 33$

10) $11 \times$ _____ $= 99$

11) $2 \times 11 =$ _____

12) _____ $\times 5 = 55$

Try a harder sum:

0×6

$=$ ____

Exercise 1: 17 Complete the following:

×	2	7	9	5	10	12	3	11	6	8	4
4											
2											
7											
10											
8											
5											
12											
11											
9											
3											
6											

12× Table

1) $5 \times 12 =$ _____

2) $1 \times$ _____ $= 12$

3) _____ $\times 12 = 72$

4) $2 \times$ _____ $= 24$

5) $10 \times 12 =$ _____

6) $12 \times$ _____ $= 132$

7) _____ $\times 12 = 36$

8) _____ $\times 12 = 108$

9) $12 \times$ _____ $= 48$

10) $12 \times$ _____ $= 96$

11) $12 \times 12 =$ _____

12) $7 \times 12 =$ _____

Try a harder sum:

4×0

$=$ ____

Exercise 1: 18 Complete the following:

×	11	8	6	12	2	10	5	9	4	3	7
5											
12											
4											
11											
8											
9											
6											
3											
10											
7											
2											

Mixed Tables

1) _____ × 7 = 56

2) 8 × _____ = 64

3) 4 × _____ = 16

4) 10 × 6 = _____

5) 10 × _____ = 120

6) _____ × 11 = 132

7) 3 × _____ = 15

8) 9 × 6 = _____

9) 8 × 12 = _____

10) 6 × 2 = _____

11) _____ × 7 = 49

12) 11 × 9 = _____

Try a harder sum:
7 × 7
= ____

Exercise 1: 19 Complete the following:

×	2	7	9	5	10	12	1	3	11	6	0	8	4
4													
2													
7													
10													
8													
1													
5													
12													
11													
0													
9													
3													
6													

Mixed Tables

1) _____ × 12 = 48

2) 6 × _____ = 30

3) 7 × _____ = 77

4) 10 × 10 = _____

5) 9 × _____ = 81

6) _____ × 1 = 12

7) 7 × _____ = 84

8) 0 × 8 = _____

9) 3 × 7 = _____

10) 4 × 6 = _____

1) _____ × 8 = 8

2) 12 × _____ = 0

3) 11 × 11 = _____

4) 0 × 9 = _____

5) 7 × 8 = _____

6) 6 × _____ = 48

7) 6 × _____ = 72

8) _____ × 3 = 27

9) _____ × 5 = 30

10) 1 × _____ = 11

Try a harder sum:

12 × 0

= ____

Exercise 1: 20 Complete the following:

×	11	8	6	12	0	2	10	5	1	9	4	3	7
5													
12													
4													
11													
8													
9													
6													
1													
3													
10													
7													
0													
2													

Test 1

×	11	7	6	9	5
4					
12					
6					
8					

Score /20

Chapter Two
TIMES TABLES TRIANGLES

Times Tables Triangles are another way of improving knowledge of times tables. They visually represent each calculation showing the number relationships.

Example: Complete the times table triangle.

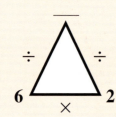

Multiply the bottom two numbers of the triangle to obtain the answer at the top of the triangle.

$$6 \times 2 = 12$$

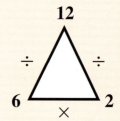

Exercise 2: 1   Complete the **2×** table triangles.

1. ÷ △ ÷ 1 × 2

2. ÷ △ ÷ 2 × 2

3. ÷ △ ÷ 3 × 2

4. ÷ △ ÷ 4 × 2

5. ÷ △ ÷ 5 × 2

6. ÷ △ ÷ 6 × 2

7. ÷ △ ÷ 7 × 2

8. ÷ △ ÷ 8 × 2

9. ÷ △ ÷ 9 × 2

10. ÷ △ ÷ 10 × 2

11. ÷ △ ÷ 11 × 2

12. ÷ △ ÷ 12 × 2

Exercise 2: 2   Complete the **3**× table triangles.

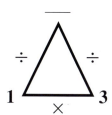

$\div \triangle \div$
1 ——— 3
×

$\div \triangle \div$
2 ——— 3
×

$\div \triangle \div$
3 ——— 3
×

$\div \triangle \div$
4 ——— 3
×

$\div \triangle \div$
5 ——— 3
×

$\div \triangle \div$
6 ——— 3
×

$\div \triangle \div$
7 ——— 3
×

$\div \triangle \div$
8 ——— 3
×

$\div \triangle \div$
9 ——— 3
×

$\div \triangle \div$
10 ——— 3
×

$\div \triangle \div$
11 ——— 3
×

$\div \triangle \div$
12 ——— 3
×

Exercise 2: 3   Complete the **4**× table triangles.

$\div \triangle \div$
1 ——— 4
×

$\div \triangle \div$
2 ——— 4
×

$\div \triangle \div$
3 ——— 4
×

$\div \triangle \div$
4 ——— 4
×

$\div \triangle \div$
5 ——— 4
×

$\div \triangle \div$
6 ——— 4
×

$\div \triangle \div$
7 ——— 4
×

$\div \triangle \div$
8 ——— 4
×

$\div \triangle \div$
9 ——— 4
×

$\div \triangle \div$
10 ——— 4
×

$\div \triangle \div$
11 ——— 4
×

$\div \triangle \div$
12 ——— 4
×

Exercise 2: 4   Complete the 5× table triangles.

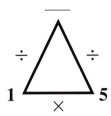

÷ △ ÷ 1 ⎯⎯ 5 ×	÷ △ ÷ 2 ⎯⎯ 5 ×	÷ △ ÷ 3 ⎯⎯ 5 ×	÷ △ ÷ 4 ⎯⎯ 5 ×
÷ △ ÷ 5 ⎯⎯ 5 ×	÷ △ ÷ 6 ⎯⎯ 5 ×	÷ △ ÷ 7 ⎯⎯ 5 ×	÷ △ ÷ 8 ⎯⎯ 5 ×
÷ △ ÷ 9 ⎯⎯ 5 ×	÷ △ ÷ 10 ⎯⎯ 5 ×	÷ △ ÷ 11 ⎯⎯ 5 ×	÷ △ ÷ 12 ⎯⎯ 5 ×

Exercise 2: 5   Complete the 6× table triangles.

÷ △ ÷ 1 ⎯⎯ 6 ×	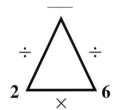 ÷ △ ÷ 2 ⎯⎯ 6 ×	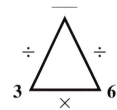 ÷ △ ÷ 3 ⎯⎯ 6 ×	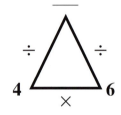 ÷ △ ÷ 4 ⎯⎯ 6 ×
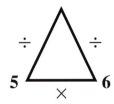 ÷ △ ÷ 5 ⎯⎯ 6 ×	÷ △ ÷ 6 ⎯⎯ 6 ×	÷ △ ÷ 7 ⎯⎯ 6 ×	÷ △ ÷ 8 ⎯⎯ 6 ×
÷ △ ÷ 9 ⎯⎯ 6 ×	÷ △ ÷ 10 ⎯⎯ 6 ×	÷ △ ÷ 11 ⎯⎯ 6 ×	÷ △ ÷ 12 ⎯⎯ 6 ×

Exercise 2: 6 Complete the 7× table triangles.

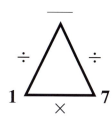

1 ÷△÷ 7
2 ÷△÷ 7
3 ÷△÷ 7
4 ÷△÷ 7

5 ÷△÷ 7
6 ÷△÷ 7
7 ÷△÷ 7
8 ÷△÷ 7

9 ÷△÷ 7
10 ÷△÷ 7
11 ÷△÷ 7
12 ÷△÷ 7

Exercise 2: 7 Complete the 8× table triangles.

1 ÷△÷ 8
2 ÷△÷ 8
3 ÷△÷ 8
4 ÷△÷ 8

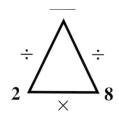
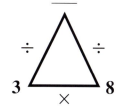
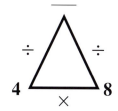

5 ÷△÷ 8
6 ÷△÷ 8
7 ÷△÷ 8
8 ÷△÷ 8

9 ÷△÷ 8
10 ÷△÷ 8
11 ÷△÷ 8
12 ÷△÷ 8

Exercise 2: 8 Complete the **9**× table triangles.

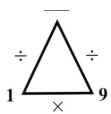

1 ÷ △ ÷ 9   2 ÷ △ ÷ 9   3 ÷ △ ÷ 9   4 ÷ △ ÷ 9
     ×   ×   ×   ×

5 ÷ △ ÷ 9   6 ÷ △ ÷ 9   7 ÷ △ ÷ 9   8 ÷ △ ÷ 9
     ×   ×   ×   ×

9 ÷ △ ÷ 9   10 ÷ △ ÷ 9   11 ÷ △ ÷ 9   12 ÷ △ ÷ 9
     ×   ×   ×   ×

Exercise 2: 9 Complete the **10**× table triangles.

1 ÷ △ ÷ 10   2 ÷ △ ÷ 10   3 ÷ △ ÷ 10   4 ÷ △ ÷ 10
     ×   ×   ×   ×

5 ÷ △ ÷ 10   6 ÷ △ ÷ 10   7 ÷ △ ÷ 10   8 ÷ △ ÷ 10
     ×   ×   ×   ×

9 ÷ △ ÷ 10   10 ÷ △ ÷ 10   11 ÷ △ ÷ 10   12 ÷ △ ÷ 10
     ×   ×   ×   ×

Exercise 2: 10 Complete the **11×** table triangles.

1 ÷ △ ÷ 11 ×

2 ÷ △ ÷ 11 ×

3 ÷ △ ÷ 11 ×

4 ÷ △ ÷ 11 ×

5 ÷ △ ÷ 11 ×

6 ÷ △ ÷ 11 ×

7 ÷ △ ÷ 11 ×

8 ÷ △ ÷ 11 ×

9 ÷ △ ÷ 11 ×

10 ÷ △ ÷ 11 ×

11 ÷ △ ÷ 11 ×

12 ÷ △ ÷ 11 ×

Exercise 2: 11 Complete the **12×** table triangles.

1 ÷ △ ÷ 12 ×

2 ÷ △ ÷ 12 ×

3 ÷ △ ÷ 12 ×

4 ÷ △ ÷ 12 ×

5 ÷ △ ÷ 12 ×

6 ÷ △ ÷ 12 ×

7 ÷ △ ÷ 12 ×

8 ÷ △ ÷ 12 ×

9 ÷ △ ÷ 12 ×

10 ÷ △ ÷ 12 ×

11 ÷ △ ÷ 12 ×

12 ÷ △ ÷ 12 ×

Times tables triangles show the relationship between multiplying and dividing numbers. Every multiplication calculation contains two division calculations, as division is the inverse or opposite operation of multiplication.

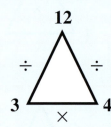

The three calculations shown on this triangle are:

$$12 \div 4 = 3; \quad 12 \div 3 = 4;$$
$$3 \times 4 = 12$$

Example: | Complete this times table triangle.

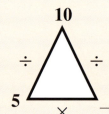

Divide the top number by the number on the left-hand side of the triangle.

$$10 \div 5 = 2$$

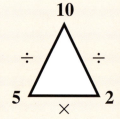

Exercise 2: 12

Complete the jumbled times tables triangles.

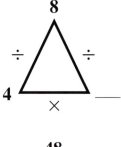 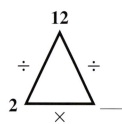  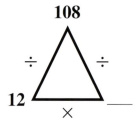

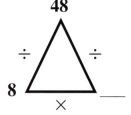 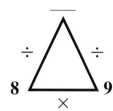 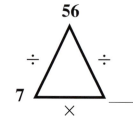 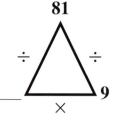

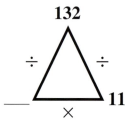

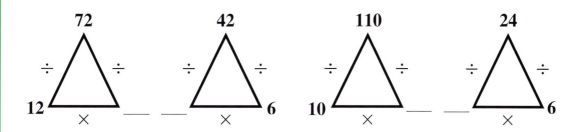

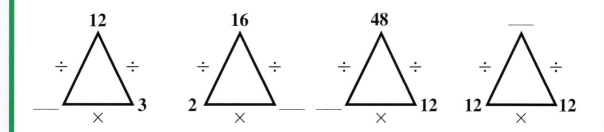

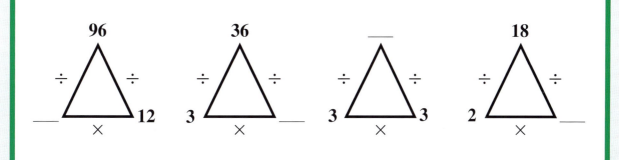

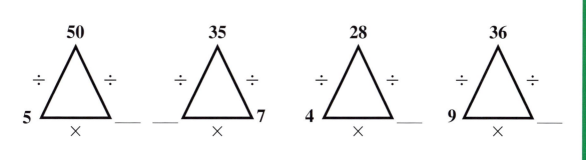

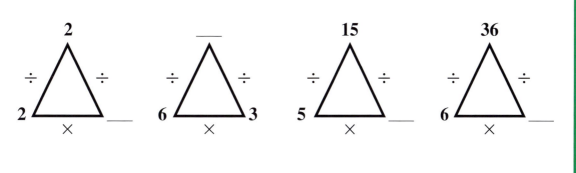

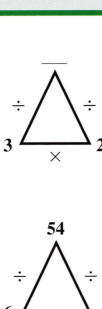
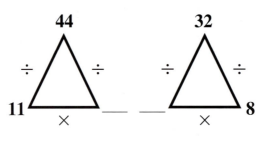
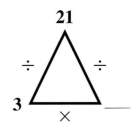

Row 1:
- ÷ △ ÷, top: ___, left: 3, right: 2, bottom ×
- top: 44, ÷ left: 11, ÷ right: ___, bottom ×
- top: 32, ÷ left: ___, ÷ right: 8, bottom ×
- top: 21, ÷ left: 3, ÷ right: ___, bottom ×

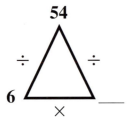
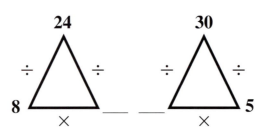
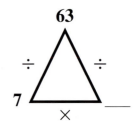

Row 2:
- top: 54, ÷ left: 6, ÷ right: ___, bottom ×
- top: 24, ÷ left: 8, ÷ right: ___, bottom ×
- top: 30, ÷ left: ___, ÷ right: 5, bottom ×
- top: 63, ÷ left: 7, ÷ right: ___, bottom ×

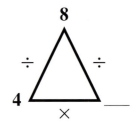

Row 3:
- top: ___, ÷ left: 5, ÷ right: 9, bottom ×
- top: 25, ÷ left: ___, ÷ right: 5, bottom ×
- top: 66, ÷ left: ___, ÷ right: 6, bottom ×
- top: 8, ÷ left: 4, ÷ right: ___, bottom ×

Row 4:
- top: ___, ÷ left: 3, ÷ right: 10, bottom ×
- top: 27, ÷ left: ___, ÷ right: 9, bottom ×
- top: 10, ÷ left: ___, ÷ right: 2, bottom ×
- top: ___, ÷ left: 5, ÷ right: 11, bottom ×

Row 5:
- top: 88, ÷ left: ___, ÷ right: 8, bottom ×
- top: 110, ÷ left: 10, ÷ right: ___, bottom ×
- top: 121, ÷ left: 11, ÷ right: ___, bottom ×
- top: 72, ÷ left: 8, ÷ right: ___, bottom ×

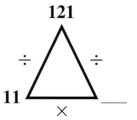

Row 6:
- top: ___, ÷ left: 6, ÷ right: 12, bottom ×
- top: 40, ÷ left: 4, ÷ right: ___, bottom ×
- top: 42, ÷ left: 7, ÷ right: ___, bottom ×
- top: 24, ÷ left: ___, ÷ right: 12, bottom ×

Exercise 2: 13

Complete the jumbled times tables triangles.

Test 2

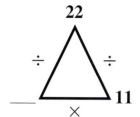
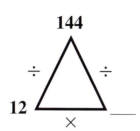
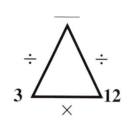
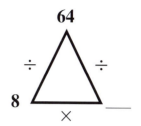

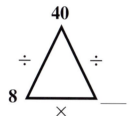
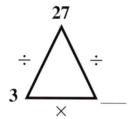
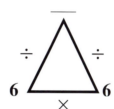
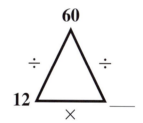

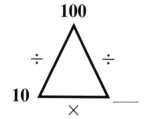

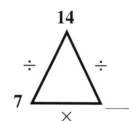
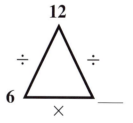

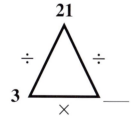
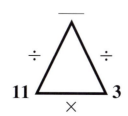

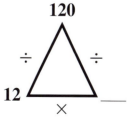

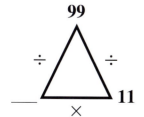
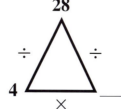

Score ☐/20

Chapter Three
MORE TIMES TABLES BOXES

Times tables boxes can also have missing row and column numbers which means you have to divide rather than multiply to find the answer.

Example: Fill in the following times tables box.

×		3	4	5	6	7	8
2	4						
					18		

This box has a missing row number and a missing column number. To find each missing number, divide the large number in the box by the smaller number in the row or column.

$4 \div 2 = 2$

$18 \div 6 = 3$

×	**2**	3	4	5	6	7	8
2 →	4						
3 ←					18		

The completed box below shows all of the multiplication and division relationships for these portions of the **2×** and **3×** tables.

×	2	3	4	5	6	7	8
2	4	6	8	10	12	14	16
3	6	9	12	15	18	21	24

Exercise 3: 1

Complete the jumbled times tables boxes:

1)

×	5		6		4		3		7		8
	15										
7		63									
			36								
11				22							
					8						
10						100					
							24				
5								55			
									84		
9										108	
											32

2)

×		7		11		2		4		10	
2	6										
		42									
4			20								
				99							
12					108						
						20					
3							36				
								28			
5									40		
										110	
8											48

3)

×	2	6	5	8	10						
5						15					
10										90	
4								28			
9							108				36
8									88		
			15								
	24										
					110						
		36									
				16							
					70						

4)

×		7	10		5	11	6				
					30						
5	20										
10									30		
9											
			120								
7											14
2										18	
						44					
11				88							
							48				
3								36			

5)

×							3	12	10	5	6
							9				
								72			
									100		
										10	
											48
										55	
4	16										
7		14									
12			84								
9				81		99					
5					40						

6)

×		2	8		9		11		5		10
2	12										
		16									
3					9						
4				48							
											120
5									35		
					81						
6											
			56								
											100
11							44				

7)

×			**12**	**4**		**3**			**7**	**9**	
										27	
7											77
										45	
									14		
6								48			
9							45				
						12					
8	16				80						
				44							
			120								
12		72									

8)

×	**2**		**6**		**3**		**5**		**10**		**11**
	8						20				
3											
			36								
12								84			
	10										
8		32				64					
									20		
7				84							
			60								
9										81	
×					33						

9)

×							7	8	2	4	9
12	144										
10		100									
11			55								
7				42		21					
9					99						
							35				
								24			
									16		
										16	
											54
										8	

10)

×	12	11	10	9	8						
	144										
		121									
			100								
				81							
					64						
					56						
6						42					
5						35					
4							24				8
3								15		9	
2									8		

11)

×		9				3	11	5	12		
2	8										
		54									
4				32							24
9			18								
		72									
							55				
10						30				70	
									36		
12					120						
								55			
7	28										

Test 3

12)

×	7		11		4
8		64			
			132		
6				54	
					28

Score /20

Answers

Chapter One
Times Tables Boxes

Exercise 1: 1

×	2	3	4	5	6	7	8	9	10	11	12
2	4	6	8	10	12	14	16	18	20	22	24
3	6	9	12	15	18	21	24	27	30	33	36
5	10	15	20	25	30	35	40	45	50	55	60
10	20	30	40	50	60	70	80	90	100	110	120

Exercise 1: 2

×	4	6	7	11	8	12	9	10	3	2	5
2	8	12	14	22	16	24	18	20	6	4	10
5	20	30	35	55	40	60	45	50	15	10	25
3	12	18	21	33	24	36	27	30	9	6	15
10	40	60	70	110	80	120	90	100	30	20	50

Exercise 1: 3

×	2	3	4	5	6	7	8	9	10	11	12
2	4	6	8	10	12	14	16	18	20	22	24
3	6	9	12	15	18	21	24	27	30	33	36
4	8	12	16	20	24	28	32	36	40	44	48
5	10	15	20	25	30	35	40	45	50	55	60
10	20	30	40	50	60	70	80	90	100	110	120

Exercise 1: 4

×	4	5	7	3	9	10	6	12	2	11	8
3	12	15	21	9	27	30	18	36	6	33	24
4	16	20	28	12	36	40	24	48	8	44	32
5	20	25	35	15	45	50	30	60	10	55	40
10	40	50	70	30	90	100	60	120	20	110	80
2	8	10	14	6	18	20	12	24	4	22	16

Exercise 1: 5

×	2	3	4	5	6	7	8	9	10	11	12
2	4	6	8	10	12	14	16	18	20	22	24
3	6	9	12	15	18	21	24	27	30	33	36
4	8	12	16	20	24	28	32	36	40	44	48
5	10	15	20	25	30	35	40	45	50	55	60
6	12	18	24	30	36	42	48	54	60	66	72
10	20	30	40	50	60	70	80	90	100	110	120

Exercise 1: 6

×	2	5	7	3	8	6	10	11	4	12	9
3	6	15	21	9	24	18	30	33	12	36	27
2	4	10	14	6	16	12	20	22	8	24	18
5	10	25	35	15	40	30	50	55	20	60	45
6	12	30	42	18	48	36	60	66	24	72	54
10	20	50	70	30	80	60	100	110	40	120	90
4	8	20	28	12	32	24	40	44	16	48	36

Exercise 1: 7

×	2	3	4	5	6	7	8	9	10	11	12
2	4	6	8	10	12	14	16	18	20	22	24
3	6	9	12	15	18	21	24	27	30	33	36
4	8	12	16	20	24	28	32	36	40	44	48
5	10	15	20	25	30	35	40	45	50	55	60
6	12	18	24	30	36	42	48	54	60	66	72
7	14	21	28	35	42	49	56	63	70	77	84
10	20	30	40	50	60	70	80	90	100	110	120

Exercise 1: 8

×	4	6	8	3	10	12	5	11	7	9	2
3	12	18	24	9	30	36	15	33	21	27	6
5	20	30	40	15	50	60	25	55	35	45	10
6	24	36	48	18	60	72	30	66	42	54	12
7	28	42	56	21	70	84	35	77	49	63	14
10	40	60	80	30	100	120	50	110	70	90	20
2	8	12	16	6	20	24	10	22	14	18	4
4	16	24	32	12	40	48	20	44	28	36	8

Exercise 1: 9

×	2	3	4	5	6	7	8	9	10	11	12
2	4	6	8	10	12	14	16	18	20	22	24
3	6	9	12	15	18	21	24	27	30	33	36
4	8	12	16	20	24	28	32	36	40	44	48
5	10	15	20	25	30	35	40	45	50	55	60
6	12	18	24	30	36	42	48	54	60	66	72
7	14	21	28	35	42	49	56	63	70	77	84
8	16	24	32	40	48	56	64	72	80	88	96
10	20	30	40	50	60	70	80	90	100	110	120

Exercise 1: 10

×	3	5	2	6	8	12	4	10	11	9	7
2	6	10	4	12	16	24	8	20	22	18	14
8	24	40	16	48	64	96	32	80	88	72	56
10	30	50	20	60	80	120	40	100	110	90	70
4	12	20	8	24	32	48	16	40	44	36	28
7	21	35	14	42	56	84	28	70	77	63	49
5	15	25	10	30	40	60	20	50	55	45	35
6	18	30	12	36	48	72	24	60	66	54	42
3	9	15	6	18	24	36	12	30	33	27	21

Exercise 1: 11

×	2	3	4	5	6	7	8	9	10	11	12
2	4	6	8	10	12	14	16	18	20	22	24
3	6	9	12	15	18	21	24	27	30	33	36
4	8	12	16	20	24	28	32	36	40	44	48
5	10	15	20	25	30	35	40	45	50	55	60
6	12	18	24	30	36	42	48	54	60	66	72
7	14	21	28	35	42	49	56	63	70	77	84
8	16	24	32	40	48	56	64	72	80	88	96
9	18	27	36	45	54	63	72	81	90	99	108
10	20	30	40	50	60	70	80	90	100	110	120

Answers

Exercise 1: 12

×	5	10	6	7	4	11	9	2	12	8	3
3	15	30	18	21	12	33	27	6	36	24	9
6	30	60	36	42	24	66	54	12	72	48	18
4	20	40	24	28	16	44	36	8	48	32	12
9	45	90	54	63	36	99	81	18	108	72	27
7	35	70	42	49	28	77	63	14	84	56	21
5	25	50	30	35	20	55	45	10	60	40	15
10	50	100	60	70	40	110	90	20	120	80	30
8	40	80	48	56	32	88	72	16	96	64	24
2	10	20	12	14	8	22	18	4	24	16	6

Exercise 1: 13

×	2	3	4	5	6	7	8	9	10	11	12
2	4	6	8	10	12	14	16	18	20	22	24
3	6	9	12	15	18	21	24	27	30	33	36
4	8	12	16	20	24	28	32	36	40	44	48
5	10	15	20	25	30	35	40	45	50	55	60
6	12	18	24	30	36	42	48	54	60	66	72
7	14	21	28	35	42	49	56	63	70	77	84
8	16	24	32	40	48	56	64	72	80	88	96
9	18	27	36	45	54	63	72	81	90	99	108
10	20	30	40	50	60	70	80	90	100	110	120
11	22	33	44	55	66	77	88	99	110	121	132

Exercise 1: 14

×	2	7	6	4	10	11	3	12	8	9	5
2	4	14	12	8	20	22	6	24	16	18	10
6	12	42	36	24	60	66	18	72	48	54	30
4	8	28	24	16	40	44	12	48	32	36	20
8	16	56	48	32	80	88	24	96	64	72	40
9	18	63	54	36	90	99	27	108	72	81	45
3	6	21	18	12	30	33	9	36	24	27	15
7	14	49	42	28	70	77	21	84	56	63	35
10	20	70	60	40	100	110	30	120	80	90	50
11	22	77	66	44	110	121	33	132	88	99	55
5	10	35	30	20	50	55	15	60	40	45	25

Exercise 1: 15

×	2	3	4	5	6	7	8	9	10	11	12
2	4	6	8	10	12	14	16	18	20	22	24
3	6	9	12	15	18	21	24	27	30	33	36
4	8	12	16	20	24	28	32	36	40	44	48
5	10	15	20	25	30	35	40	45	50	55	60
6	12	18	24	30	36	42	48	54	60	66	72
7	14	21	28	35	42	49	56	63	70	77	84
8	16	24	32	40	48	56	64	72	80	88	96
9	18	27	36	45	54	63	72	81	90	99	108
10	20	30	40	50	60	70	80	90	100	110	120
11	22	33	44	55	66	77	88	99	110	121	132
12	24	36	48	60	72	84	96	108	120	132	144

Exercise 1: 16

×	3	6	9	7	10	4	12	5	2	11	8
5	15	30	45	35	50	20	60	25	10	55	40
8	24	48	72	56	80	32	96	40	16	88	64
11	33	66	99	77	110	44	132	55	22	121	88
4	12	24	36	28	40	16	48	20	8	44	32
7	21	42	63	49	70	28	84	35	14	77	56
10	30	60	90	70	100	40	120	50	20	110	80
12	36	72	108	84	120	48	144	60	24	132	96
6	18	36	54	42	60	24	72	30	12	66	48
2	6	12	18	14	20	8	24	10	4	22	16
9	27	54	81	63	90	36	108	45	18	99	72
3	9	18	27	21	30	12	36	15	6	33	24

Exercise 1: 17

×	2	7	9	5	10	12	3	11	6	8	4
4	8	28	36	20	40	48	12	44	24	32	16
2	4	14	18	10	20	24	6	22	12	16	8
7	14	49	63	35	70	84	21	77	42	56	28
10	20	70	90	50	100	120	30	110	60	80	40
8	16	56	72	40	80	96	24	88	48	64	32
5	10	35	45	25	50	60	15	55	30	40	20
12	24	84	108	60	120	144	36	132	72	96	48
11	22	77	99	55	110	132	33	121	66	88	44
9	18	63	81	45	90	108	27	99	54	72	36
3	6	21	27	15	30	36	9	33	18	24	12
6	12	42	54	30	60	72	18	66	36	48	24

Exercise 1: 18

×	11	8	6	12	2	10	5	9	4	3	7
5	55	40	30	60	10	50	25	45	20	15	35
12	132	96	72	144	24	120	60	108	48	36	84
4	44	32	24	48	8	40	20	36	16	12	28
11	121	88	66	132	22	110	55	99	44	33	77
8	88	64	48	96	16	80	40	72	32	24	56
9	99	72	54	108	18	90	45	81	36	27	63
6	66	48	36	72	12	60	30	54	24	18	42
3	33	24	18	36	6	30	15	27	12	9	21
10	110	80	60	120	20	100	50	90	40	30	70
7	77	56	42	84	14	70	35	63	28	21	49
2	22	16	12	24	4	20	10	18	8	6	14

Exercise 1: 19

×	2	7	9	5	10	12	1	3	11	6	0	8	4
4	8	28	36	20	40	48	4	12	44	24	0	32	16
2	4	14	18	10	20	24	2	6	22	12	0	16	8
7	14	49	63	35	70	84	7	21	77	42	0	56	28
10	20	70	90	50	100	120	10	30	110	60	0	80	40
8	16	56	72	40	80	96	8	24	88	48	0	64	32
1	2	7	9	5	10	12	1	3	11	6	0	8	4
5	10	35	45	25	50	60	5	15	55	30	0	40	20
12	24	84	108	60	120	144	12	36	132	72	0	96	48
11	22	77	99	55	110	132	11	33	121	66	0	88	44
0	0	0	0	0	0	0	0	0	0	0	0	0	0
9	18	63	81	45	90	108	9	27	99	54	0	72	36
3	6	21	27	15	30	36	3	9	33	18	0	24	12
6	12	42	54	30	60	72	6	18	66	36	0	48	24

Answers

Exercise 1: 20

×	11	8	6	12	0	2	10	5	1	9	4	3	7
5	55	40	30	60	0	10	50	25	5	45	20	15	35
12	132	96	72	144	0	24	120	60	12	108	48	36	84
4	44	32	24	48	0	8	40	20	4	36	16	12	28
11	121	88	66	132	0	22	110	55	11	99	44	33	77
8	88	64	48	96	0	16	80	40	8	72	32	24	56
9	99	72	54	108	0	18	90	45	9	81	36	27	63
6	66	48	36	72	0	12	60	30	6	54	24	18	42
1	11	8	6	12	0	2	10	5	1	9	4	3	7
3	33	24	18	36	0	6	30	15	3	27	12	9	21
10	110	80	60	120	0	20	100	50	10	90	40	30	70
7	77	56	42	84	0	14	70	35	7	63	28	21	49
0	0	0	0	0	0	0	0	0	0	0	0	0	0
2	22	16	12	24	0	4	20	10	2	18	8	6	14

Test 1

×	11	7	6	9	5
4	44	28	24	36	20
12	132	84	72	108	60
6	66	42	36	54	30
8	88	56	48	72	40

Chapter Two
Times Tables Triangles

Exercise 2: 12

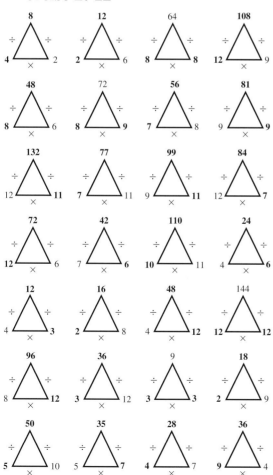

Exercise 2: 13
Test 2

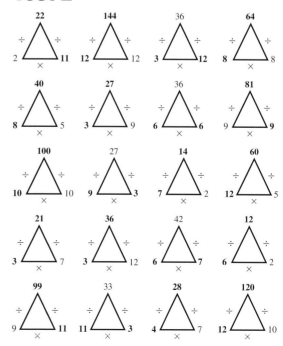

Answers

Chapter Three
More Times Tables Boxes

Exercise 3: 1

1)

×	5	9	6	2	4	10	3	11	7	12	8
3	15	27	18	6	12	30	9	33	21	36	24
7	35	63	42	14	28	70	21	77	49	84	56
6	30	54	36	12	24	60	18	66	42	72	48
11	55	99	66	22	44	110	33	121	77	132	88
2	10	18	12	4	8	20	6	22	14	24	16
10	50	90	60	20	40	100	30	110	70	120	80
8	40	72	48	16	32	80	24	88	56	96	64
5	25	45	30	10	20	50	15	55	35	60	40
12	60	108	72	24	48	120	36	132	84	144	96
9	45	81	54	18	36	90	27	99	63	108	72
4	20	36	24	8	16	40	12	44	28	48	32

2)

×	3	7	5	11	9	2	12	4	8	10	6
2	6	14	10	22	18	4	24	8	16	20	12
6	18	42	30	66	54	12	72	24	48	60	36
4	12	28	20	44	36	8	48	16	32	40	24
9	27	63	45	99	81	18	108	36	72	90	54
12	36	84	60	132	108	24	144	48	96	120	72
10	30	70	50	110	90	20	120	40	80	100	60
3	9	21	15	33	27	6	36	12	24	30	18
7	21	49	35	77	63	14	84	28	56	70	42
5	15	35	25	55	45	10	60	20	40	50	30
11	33	77	55	121	99	22	132	44	88	110	66
8	24	56	40	88	72	16	96	32	64	80	48

3)

×	2	6	5	8	10	3	12	7	11	9	4
5	10	30	25	40	50	15	60	35	55	45	20
10	20	60	50	80	100	30	120	70	110	90	40
4	8	24	20	32	40	12	48	28	44	36	16
9	18	54	45	72	90	27	108	63	99	81	36
8	16	48	40	64	80	24	96	56	88	72	32
3	6	18	15	24	30	9	36	21	33	27	12
12	24	72	60	96	120	36	144	84	132	108	48
11	22	66	55	88	110	33	132	77	121	99	44
6	12	36	30	48	60	18	72	42	66	54	24
2	4	12	10	16	20	6	24	14	22	18	8
7	14	42	35	56	70	21	84	49	77	63	28

4)

×	4	7	10	8	5	11	6	12	3	9	2
6	24	42	60	48	30	66	36	72	18	54	12
5	20	35	50	40	25	55	30	60	15	45	10
10	40	70	100	80	50	110	60	120	30	90	20
9	36	63	90	72	45	99	54	108	27	81	18
12	48	84	120	96	60	132	72	144	36	108	24
7	28	49	70	56	35	77	42	84	21	63	14
2	8	14	20	16	10	22	12	24	6	18	4
4	16	28	40	32	20	44	24	48	12	36	8
11	44	77	110	88	55	121	66	132	33	99	22
8	32	56	80	64	40	88	48	96	24	72	16
3	12	21	30	24	15	33	18	36	9	27	6

5)

×	4	2	7	9	8	11	3	12	10	5	6
3	12	6	21	27	24	33	9	36	30	15	18
6	24	12	42	54	48	66	18	72	60	30	36
10	40	20	70	90	80	110	30	120	100	50	60
2	8	4	14	18	16	22	6	24	20	10	12
8	32	16	56	72	64	88	24	96	80	40	48
11	44	22	77	99	88	121	33	132	110	55	66
4	16	8	28	36	32	44	12	48	40	20	24
7	28	14	49	63	56	77	21	84	70	35	42
12	48	24	84	108	96	132	36	144	120	60	72
9	36	18	63	81	72	99	27	108	90	45	54
5	20	10	35	45	40	55	15	60	50	25	30

6)

×	6	2	8	12	9	3	11	4	5	7	10
2	12	4	16	24	18	6	22	8	10	14	20
8	48	16	64	96	72	24	88	32	40	56	80
3	18	6	24	36	27	9	33	12	15	21	30
4	24	8	32	48	36	12	44	16	20	28	40
12	72	24	96	144	108	36	132	48	60	84	120
5	30	10	40	60	45	15	55	20	25	35	50
9	54	18	72	108	81	27	99	36	45	63	90
6	36	12	48	72	54	18	66	24	30	42	60
7	42	14	56	84	63	21	77	28	35	49	70
10	60	20	80	120	90	30	110	40	50	70	100
11	66	22	88	132	99	33	121	44	55	77	110

7)

×	2	6	12	4	10	3	5	8	7	9	11
3	6	18	36	12	30	9	15	24	21	27	33
7	14	42	84	28	70	21	35	56	49	63	77
5	10	30	60	20	50	15	25	40	35	45	55
2	4	12	24	8	20	6	10	16	14	18	22
6	12	36	72	24	60	18	30	48	42	54	66
9	18	54	108	36	90	27	45	72	63	81	99
4	8	24	48	16	40	12	20	32	28	36	44
8	16	48	96	32	80	24	40	64	56	72	88
11	22	66	132	44	110	33	55	88	77	99	121
10	20	60	120	40	100	30	50	80	70	90	110
12	24	72	144	48	120	36	60	96	84	108	132

8)

×	2	4	6	12	3	8	5	9	10	7	11
4	8	16	24	48	12	32	20	36	40	28	44
3	6	12	18	36	9	24	15	27	30	21	33
6	12	24	36	72	18	48	30	54	60	42	66
12	24	48	72	144	36	96	60	108	120	84	132
5	10	20	30	60	15	40	25	45	50	35	55
8	16	32	48	96	24	64	40	72	80	56	88
2	4	8	12	24	6	16	10	18	20	14	22
7	14	28	42	84	21	56	35	63	70	49	77
10	20	40	60	120	30	80	50	90	100	70	110
9	18	36	54	108	27	72	45	81	90	63	99
11	22	44	66	132	33	88	55	99	110	77	121

Answers

9)

×	12	10	5	6	11	3	7	8	2	4	9
12	144	120	60	72	132	36	84	96	24	48	108
10	120	100	50	60	110	30	70	80	20	40	90
11	132	110	55	66	121	33	77	88	22	44	99
7	84	70	35	42	77	21	49	56	14	28	63
9	108	90	45	54	99	27	63	72	18	36	81
5	60	50	25	30	55	15	35	40	10	20	45
3	36	30	15	18	33	9	21	24	6	12	27
8	96	80	40	48	88	24	56	64	16	32	72
4	48	40	20	24	44	12	28	32	8	16	36
6	72	60	30	36	66	18	42	48	12	24	54
2	24	20	10	12	22	6	14	16	4	8	18

10)

×	12	11	10	9	8	7	6	5	4	3	2
12	144	132	120	108	96	84	72	60	48	36	24
11	132	121	110	99	88	77	66	55	44	33	22
10	120	110	100	90	80	70	60	50	40	30	20
9	108	99	90	81	72	63	54	45	36	27	18
8	96	88	80	72	64	56	48	40	32	24	16
7	84	77	70	63	56	49	42	35	28	21	14
6	72	66	60	54	48	42	36	30	24	18	12
5	60	55	50	45	40	35	30	25	20	15	10
4	48	44	40	36	32	28	24	20	16	12	8
3	36	33	30	27	24	21	18	15	12	9	6
2	24	22	20	18	16	14	12	10	8	6	4

11)

×	4	9	2	8	10	3	11	5	12	7	6
2	8	18	4	16	20	6	22	10	24	14	12
6	24	54	12	48	60	18	66	30	72	42	36
4	16	36	8	32	40	12	44	20	48	28	24
9	36	81	18	72	90	27	99	45	108	63	54
8	32	72	16	64	80	24	88	40	96	56	48
5	20	45	10	40	50	15	55	25	60	35	30
10	40	90	20	80	100	30	110	50	120	70	60
3	12	27	6	24	30	9	33	15	36	21	18
12	48	108	24	96	120	36	132	60	144	84	72
11	44	99	22	88	110	33	121	55	132	77	66
7	28	63	14	56	70	21	77	35	84	49	42

Test 3

12)

×	7	8	11	9	4
8	56	64	88	72	32
12	84	96	132	108	48
6	42	48	66	54	24
7	49	56	77	63	28

2× Table

$0 \times 2 = 0$
$1 \times 2 = 2$
$2 \times 2 = 4$
$3 \times 2 = 6$
$4 \times 2 = 8$
$5 \times 2 = 10$
$6 \times 2 = 12$
$7 \times 2 = 14$
$8 \times 2 = 16$
$9 \times 2 = 18$
$10 \times 2 = 20$
$11 \times 2 = 22$
$12 \times 2 = 24$

3× Table

$0 \times 3 = 0$
$1 \times 3 = 3$
$2 \times 3 = 6$
$3 \times 3 = 9$
$4 \times 3 = 12$
$5 \times 3 = 15$
$6 \times 3 = 18$
$7 \times 3 = 21$
$8 \times 3 = 24$
$9 \times 3 = 27$
$10 \times 3 = 30$
$11 \times 3 = 33$
$12 \times 3 = 36$

4× Table

$0 \times 4 = 0$
$1 \times 4 = 4$
$2 \times 4 = 8$
$3 \times 4 = 12$
$4 \times 4 = 16$
$5 \times 4 = 20$
$6 \times 4 = 24$
$7 \times 4 = 28$
$8 \times 4 = 32$
$9 \times 4 = 36$
$10 \times 4 = 40$
$11 \times 4 = 44$
$12 \times 4 = 48$

5× Table

$0 \times 5 = 0$
$1 \times 5 = 5$
$2 \times 5 = 10$
$3 \times 5 = 15$
$4 \times 5 = 20$
$5 \times 5 = 25$
$6 \times 5 = 30$
$7 \times 5 = 35$
$8 \times 5 = 40$
$9 \times 5 = 45$
$10 \times 5 = 50$
$11 \times 5 = 55$
$12 \times 5 = 60$

6× Table

$0 \times 6 = 0$
$1 \times 6 = 6$
$2 \times 6 = 12$
$3 \times 6 = 18$
$4 \times 6 = 24$
$5 \times 6 = 30$
$6 \times 6 = 36$
$7 \times 6 = 42$
$8 \times 6 = 48$
$9 \times 6 = 54$
$10 \times 6 = 60$
$11 \times 6 = 66$
$12 \times 6 = 72$

7× Table

$0 \times 7 = 0$
$1 \times 7 = 7$
$2 \times 7 = 14$
$3 \times 7 = 21$
$4 \times 7 = 28$
$5 \times 7 = 35$
$6 \times 7 = 42$
$7 \times 7 = 49$
$8 \times 7 = 56$
$9 \times 7 = 63$
$10 \times 7 = 70$
$11 \times 7 = 77$
$12 \times 7 = 84$

8× Table

$0 \times 8 = 0$
$1 \times 8 = 8$
$2 \times 8 = 16$
$3 \times 8 = 24$
$4 \times 8 = 32$
$5 \times 8 = 40$
$6 \times 8 = 48$
$7 \times 8 = 56$
$8 \times 8 = 64$
$9 \times 8 = 72$
$10 \times 8 = 80$
$11 \times 8 = 88$
$12 \times 8 = 96$

9× Table

$0 \times 9 = 0$
$1 \times 9 = 9$
$2 \times 9 = 18$
$3 \times 9 = 27$
$4 \times 9 = 36$
$5 \times 9 = 45$
$6 \times 9 = 54$
$7 \times 9 = 63$
$8 \times 9 = 72$
$9 \times 9 = 81$
$10 \times 9 = 90$
$11 \times 9 = 99$
$12 \times 9 = 108$

10× Table

$0 \times 10 = 0$
$1 \times 10 = 10$
$2 \times 10 = 20$
$3 \times 10 = 30$
$4 \times 10 = 40$
$5 \times 10 = 50$
$6 \times 10 = 60$
$7 \times 10 = 70$
$8 \times 10 = 80$
$9 \times 10 = 90$
$10 \times 10 = 100$
$11 \times 10 = 110$
$12 \times 10 = 120$

11× Table

$0 \times 11 = 0$
$1 \times 11 = 11$
$2 \times 11 = 22$
$3 \times 11 = 33$
$4 \times 11 = 44$
$5 \times 11 = 55$
$6 \times 11 = 66$
$7 \times 11 = 77$
$8 \times 11 = 88$
$9 \times 11 = 99$
$10 \times 11 = 110$
$11 \times 11 = 121$
$12 \times 11 = 132$

12× Table

$0 \times 12 = 0$
$1 \times 12 = 12$
$2 \times 12 = 24$
$3 \times 12 = 36$
$4 \times 12 = 48$
$5 \times 12 = 60$
$6 \times 12 = 72$
$7 \times 12 = 84$
$8 \times 12 = 96$
$9 \times 12 = 108$
$10 \times 12 = 120$
$11 \times 12 = 132$
$12 \times 12 = 144$

PROGRESS CHART

Test	Score	%
1		
2		
3		

**Add up the percentages
and divide by 3**

**Overall
Percentage** ☐ %

CERTIFICATE OF

ACHIEVEMENT

This certifies

_____

has successfully completed

Key Stage 2
Times Tables
WORKBOOK **1**

Overall percentage
score achieved

%

Comment _____

_____

Signed _____

(teacher/parent/guardian)

Date _____